直さんの

花と緑の写真館

倉敷の歴史
写真で学ぶ【入門編】

長瀬直久

はじめに

ライフ・ブックの第２巻（海だった倉敷）を見て、倉敷が干拓により誕生した町だとわかってもらえたと思う。しかし、そこを、もう少し掘り下げてみたい。今の我々の暮らしの底にあるものとか、あるいは倉敷の未来に対する希望などを、まず写真から推察してもらって、さらに説明を読んでいただければいいと考えている。そして、倉敷を観光する皆さんには、有名な美観地区や瀬戸大橋だけでなく、色々な特色を持った地域があることも知っていただきたいと思うのだ。

ただ、今回、写真を地域別に登場させる方法をとったことで、倉敷全体の歴史の流れが把握しにくくなってしまった。

さて、急に話が変わるが、「万葉の旅」（犬養孝著）という本は現在も書店で販売されていて、その下巻に倉敷に関わる和歌が掲載されている。本によると「万葉集」の中に、岡山県の歌は４首あるが、牛窓と笠岡の間に、瀬戸内海と玉島の２首があり、そのうち、瀬戸内海は鷲羽山の付近の歌ということになっている。

私は、地元の人間として、犬養先生の説とは異なり、当時の旅は小さな舟だから、鷲羽山よりもっと陸寄り、即ち「吉備の穴海」を航海していたのではないか、と思うのだ。そのほうが、波も静かだし、第一に、島の数が圧倒的に多かった。今の倉敷市役所付近、日間山（向山）、高坪山、鶴形山（妙見山）、足高山、羽島、福島といった、ごく小さな島々が歌の原風景だったのではないかと考えている。

皆さんは、「羽島貝塚」とか「羽島天満宮跡」をご存じだろうか。羽島天満宮は、菅原道真公が太宰府に流されるとき、伯母の覚寿尼と別れた場所だと言われている。今は丘のような日間山（ひるまやま）だが、その周囲は海で、港が多くあり、奈良や京都と太宰府を結ぶ航路があったのだ。南に児島という大きな島があり、その間の日間山付近は「吉備の穴海」の時代で、この時代から倉敷の歴史をスタートしたいと思う。

なお、「直さん」とは、私の幼少の頃からの愛称である。

平成27年10月

本書の構成

4 吉備の穴海から

倉敷の一番南にあった鷲羽山と瀬戸内海、北の陸地にあった備中福山、穴海の真ん中の島だった日間山を見ていく。

14 日間山地区

穴海の中心にあるのは日間山と小瀬戸をはさんで南に高坪山である。倉敷市役所は歴史的な日間山に隣接している。

28 城山（しろやま）地区

聞きなれない名称だと思うが、平安時代、城山には「城山稲荷」があり、今も存在する。だから全体を「城山地区」と呼ぶことにした。

42 八か郷用水

倉敷の農業用水である八か郷用水。酒津付近から取水し、東部と南部、それに水江から船穂・玉島にも配水する。

62 古墳と山陽道

昔の海岸線から北は、江戸時代の旧山陽道である。東西交通の要路で、豪族の古墳や神話の史跡も残っている。

68 児島地区

児島は、元は「吉備の穴海」時代の最大の島。奈良時代から「瑜伽山」を中心とする信仰の島で、今は陸続きとなっている。

76 みなと地区

玉島と船穂は、江戸時代、高梁松山藩との間を高瀬舟が往来し、玉島港は下津井港と同様に北前船や廻船の寄港する古い港町。

84 新造成地区

松江や呼松の白砂青松の海岸は、埋め立てられて「水島工業地帯」「水島コンビナート」と呼ばれる新しい工場群がある。

88 荘園地区

備中福山から岡山市との境界・足守川までと「帯江丘陵」との間は、平安時代の万寿（ます）荘園であったから、全体を「荘園地区」とする。

92 小さな窓

倉敷と関係の深い高梁松山藩と宇野港を紹介する。

94 人物

あまり知られていない「人物」の功績や仕事を写真で紹介する。

吉備の穴海から

今は陸続きの児島と備中福山の間は吉備の穴海だ。海に浮かぶ小さな島々。目を閉じると浮かんでくる美しい景色。真ん中に日間山（夜でも「ひるまやま」と読む）がある。

瀬戸内海国立公園（鷲羽山）

犬養孝「万葉の旅」によると、奈良時代、瀬戸内海を旅した人麻呂が、まるで神様がお作りになったとしか考えられないと歌ったその場所は、瀬戸内海国立公園である。歌の順番から、この鷲羽山辺りと考えられているのだ。人麻呂たちの舟は、鷲羽山のある児島下津井から陸地を見ながら連島や玉島へと進んだのである。あるいは、もっと「吉備の穴海」の中を通過したかもしれない。そこは、本当に数多くの小さな島々が密集していて美しい景観だったと思う。現在の倉敷市役所付近のことである。

下津井城址

備前池田藩の下津井城。取り壊されて、冷たい小雨降る中、城址に咲く白い山桜は、なぜか、とても淋しげに見える。諸行無常の響きあり。

大君の遠の朝廷《みかど》と
あり通ふ
島門《しまと》を見れば
神代し思ほゆ
柿本人麻呂 万葉集 巻3－304

備中福山城址

南端の鷲羽山の次は、北端の備中福山である。ここは昔の陸地の海岸線で、鎌倉時代の終わりに足利氏側が玉島方面から舟で上陸し、後醍醐天皇派（南朝）と死闘を繰り広げたというから、山のふもとは海岸だったのだ。ただ、福山の東方（現在の中庄駅あたり）は、平安時代にすでに干拓が進んでいて、いわゆる「万寿荘（ますのしょう）」という荘園が広がっていたという。この荘園の、西が旧浜村、中が中庄、東が旧庄村で、穴海は東方から干拓されていったことになる。

安養寺

登山道の入口にある安養寺は、奈良時代から続く古いお寺で、当時は鴽龍寺を含め、多くの寺院が建ち並び、壮観だったというのだが、この足利氏の反撃戦のあおりで散り散りバラバラになったという。とにかく、真備出身の吉備真備公などの活躍で唐から仏教が伝来し、児島や福山には多くの寺院が建立されていったわけで、倉敷の寺院の歴史はけっこう古い。

市役所

倉敷市役所はなぜ新田にあるのか。皆さんは考えたことがあるだろうか。そして、向山（日間山）にある「倉敷八十八か所」という散歩道をご存じだろうか。歩いていくと、西方に、倉敷市役所が見える。そうだ、実はこの山は、「吉備の穴海」の真ん中にあった島なのだ。ここから見える足高山（あしだかやま）も連島（つらじま）も、そして遠く霞んで見える高梁川や玉島の山々も、すべては青い海原の風景を構成していた。向山（日間山）は、「吉備の穴海」の中心にある、伝説や歴史の島なのである。だから倉敷市の中心にあるべき市役所は、この島の脇の干拓地、つまり「新田」にあるのだ。なお、このホールは浦辺設計の作品である（クライストチャーチの皆さんとの交流風景）。

日間山法輪寺

「日間山」にある「法輪寺」（ほうりんじ）という古いお寺の話である。このお寺の本尊は薬師如来なので、みんなは「日間薬師」などと呼んでいる。平安時代には相当な隆盛を誇っていて、周辺にたくさんの僧坊があり、参道はものすごくにぎわっていたという。この山、あるいは港を経由して、児島の瑜伽山から四国の金毘羅宮へ、そして備中地域に建てられた吉備津神社（室町時代）などへお参りするのが、昔の巡礼の道で、こうしたコースが整備されていた。当時の法輪寺は焼けて、今の建物は江戸時代に再建されたものであるが、この日間山は、全体に平安時代の色が濃く、小町姿見の井戸をはじめ、乗り出し岩など源平合戦の史跡や、菅原道真の羽島天満宮などが残っているのである。

源氏本陣跡

高梁川と霞橋

高梁川は、中国山地に発する岡山県の３大河川の一つである。飲用水、農業用水のほか、戦後は国の造成した水島コンビナートに大量に供給されるほか、西は広島県境の町まで、何十万という人々の暮らしを支えている。この橋は霞橋（かすみばし）といって、昔の国道２号だが、現在、自動車は通れない。近頃、たくさんの新しい橋が架けられているが、自動車が通れれば良いというわけかどうか、殺風景な橋ばかりである。しかし、このような古い橋は早晩取り壊されるのであろう。

倉敷川

美観地区の倉敷川は、元々は高梁川とつながっていたらしいが、江戸時代の干拓で切り離されてしまった。その後、瀬戸内海から物資を運搬する舟が往来していたが、児島湾締め切り堤防で海とは断絶。今は、六間川とともに農業用水の排水路である。底にヘドロが堆積し、ゴミも散乱して、惨憺たる状況は、いくら嘆いても始まらない。流れに反するような意見を主張してみても、便利な時代に馬耳東風だ。両岸は災害対策でコンクリートの護岸となっており、風情は全くない。しかし、誰も問題を解決できないのだ。倉敷川の小瀬戸から福原緑地辺り、この写真のような土手が比較的良好な形で残っているが、帯江丘陵の周りを流れる六間川はドブ川だ。帯江小学校の校歌に「六間川の水清く、清きは我らの心なり」とある。未来をつくる子どもたちは大人になって、この歌の理念と現実の乖離に悩むことだろう。

日間山地区

現在の倉敷川の東側にある小高い丘全体が通称「日間山」という歴史的な島だった。児島との間が伝説の藤戸海峡で、中央部が低く小瀬戸（こせど）というが、日間山は美観地区ができる前から倉敷の中心だったのだ。

乗り出し岩

天城（あまき）から小瀬戸（こせど）・粒江（つぶえ）・藤戸（ふじと）にかけては、源平合戦に関する有名な史跡がいくつもある。特に、源氏の佐々木盛綱伝説「乗り出し岩」の史跡は、謡曲藤戸寺のおかげで全国に知られているというのだが、皆さんはご存じだろうか。直さんは、上から見下ろしてみた。すると、この下の「藤戸海峡」の向こうに、平家の舟が見える。馬に乗って渡ろうと岩の上で苛立つ盛綱。たくさんの車が行き交うこの県道は、平安時代、今から800年ほど昔には海だったのだ。田んぼの中に藤戸海峡にあった浮州岩の史跡がある。

小町姿見の井戸

あの小町が、病気治療のため、「日間山」の叔父の家に来て、井戸で顔を洗うと、元のきれいな姿を取り戻したというので、この井戸は「小町姿見の井戸」といい、倉敷市の史跡になっている。日間山は、万葉集の鷲羽山や多麻の浦（玉島）の海岸、吉備真備や庄の古墳群などと並んで、古い歴史を秘めた、倉敷のふるさとの島なのだ。半世紀前、白桃のふるさとである「向山」の皆さんが、美観地区に負けない観光拠点を整備しようと取り組んだことがあるのだが、とん挫してしまった。倉敷芸術大学のシュワベ先生も嘆いているのだが、いつも市民の心の中にある、この山を、もっと大切にしてほしい。直さんも思う。ここは、世界中から倉敷を訪れる観光客の皆さんが宿泊して、ハイキングを楽しめる滞在型のリゾートを目指すべきだ、と。この山を、（地域住民の言葉を借りれば）「忘れ去られた」島にしてはいけない。なお、日間山の有城（あるき）地区にすばらしい枝垂れ梅が鎮座している（藤原邸）。

小野小町

花の色は
うつりにけりな
いたづらに
わが身世にふる
ながめせしまに

古今集　小野小町(百人一首)

東の干拓地

この日間山の東側は帯江という湾で、一王子神社から東方に見える金甲山（児島の東端）まで海だった。この湾を、江戸時代に、皆んなで干拓して、帯江、豊洲、早島などという村ができた。現代の街並みからは想像できない。同じ頃、今のJR倉敷駅あたり（昔の浜町）から南の地域でも、干拓がはじまって倉鋪村や大高村ができた（八か郷用水の南地域）。余談だが、東方の吉備津神社や庄の王墓山古墳群あたりは、昔は都宇郡（つうぐん）といい、倉敷の万寿荘（西・中・東）とともに、早くから陸地になっていた。一方、備中福山を取り囲む周辺の村は一つのまとまりで窪屋郡（くぼやぐん）といい、この２つの郡が合併して都窪郡になった。太平洋戦争が終わり、直さんが生まれた頃だが、倉鋪村と帯江村・大高村が合併し、都窪郡から最初の倉敷市が誕生した。つまり、倉敷市は、日間山一帯の人口10万人程度の小さな町だったのである。

第六十一番
香園

巡礼の道

日間山に「倉敷八十八か所」という巡礼の道がある。本物の四国八十八か所に行くには大変な旅費が必要だが、ここなら１日で回れるし、ちょっとしたハイキングには最適だ。ただ、直さんは思う。不謹慎かもしれないが、歩道と車道の区別がなく、ビクビクしながら歩くしかない今の状況は、何とかならないか。ここから瑜伽山や帯江観音など奈良時代の古いお寺へつながっている。また、平安時代の日間山法輪寺、室町時代の福山安養寺や吉備津神社など、巡礼の道はつながっている。今の美観地区辺り、本町（向市場町）が結節点となる。旅館が立ち並んでいるのはそういうわけで、さらに児島から南の四国まで渡るのである。真言宗の五体投地の修行は、それは厳しい旅で、しかし、死や病から逃れたいという人々の願いは切実であり、生きることへの祈りでもあったのだろう。戦後の写真を見ると、山全体が見晴らしの良い桃畑であったが、皆が管理を怠ったためにこのような姿になってしまった。

向山公園

美観地区から南側に見える山は「向山」（むこうやま）という。日間山の北端部分で、その公園から北を見ると、市街地があって、その北に備中福山が見える。１月29日の早朝、突然東から白いガスが流れてきて、あっという間に下界は真っ白になってしまった。雲海だ。昔はこのように福山まで「吉備の穴海」が広がっていたのだ。大きな岩がゴロゴロしている、ということは、海底が隆起したのだろうか（右頁写真）。正面奥の倉敷駅ビルは今年、上半分がなくなり、低いビルに変身した。

向山(日間山)の散歩道

向山には、大原農業研究所(現在の岡山大学)の小山楽山先生が、指導して切り開いた桃園が広がっていた。昔の面影はないが、この研究所と桃園が、倉敷だけでなく今日の岡山県の桃づくりの原点。日間山は伝説の丘であるから、予算なんかなくても、もっと山道を歩道らしく整備するだけで、誰でも気楽にハイキングが楽しめるし、歴史も学べる。眺めの良い場所で、いただく弁当の味はどうだろうか。丘のホテルに滞在してお風呂に入ったり、本を読もう。スポーツも楽しい。小町温泉、菅原道真を祭った「羽島天満宮」(朝陽射す神社の梅の花→右頁写真)、戸川家の大クスノキ(倉敷市の木)などもある。

浜辺の駕龍寺

備福山駕龍寺は法輪寺のすぐ近くの日間山につきだした岬のような地形の場所にある。干拓前は入江だった。だから岩崎という地名が付いている。門前には畑が広がっていて、近づくとソバ畑もあるし、境内にはモクレンや楷の木が見える。江戸時代、今から約420年前、岩崎と早島を結ぶ線上に堤防を築き、干拓が始まったといい、この堤防の上に国道２号バイパスが築かれ、日間山は南北に分断されてしまった。なお、駕龍寺は、元々安養寺と同じ備中福山にあった室町時代の古い寺院である。

城山（しろやま）地区

美観地区は妙見山（現鶴形山）のふもと、向山との間を干拓して誕生した。江戸時代までは海で、平安京政権はここに小野城（現城山稲荷）を築き、海上の治安警備に当たったという。倉敷川は海の名残の水路である。

倉敷川真夏の舟遊び

今の倉敷川は、ここが起点である。これより上流はない。水は倉敷用水から引いている。明治時代までは瀬戸内海につながっており、潮の満ち引きを利用して舟が往来していた。この川と、干拓地で栽培された綿の歴史が結びつき、近代的な資本主義の倉敷紡績（現クラボウ）という会社が設立された。ここに船着場があって、原料や工場で作った綿糸を舟で運んでいた。そのことが世界的に有名な大原美術館の誕生につながった。歴史のすごみを感じる景観である。

城山稲荷

時は平安時代、伊予（愛媛）で反乱した藤原純友を鎮圧する命を受け、今の本町に小野氏が出陣の拠点たる城を建設した。城山稲荷（しろやま・いなり）は、その小野城のなごりだという。元の場所はわからないが、今はアイビーホテルの東にあり、この場所が倉敷の歴史の一つの原点であると考えている。そして、直さんは、ここが地理的な意味でも備中倉敷の結節点であり、これからも人々が交流し繁栄していく場所だと思う。

中央通りの冬桜

ここは最近できた「阿知フラワーポッケ」。休憩用のベンチがおいてあり、倉敷市の藤の棚もある。桜はヒマラヤザクラで、小さな花びらが正月に満開となった。倉敷駅から南へ延びるこの通りは、たぶん水島までの都市計画街路として計画されたものだろう。メインの道路だった大高街道はほとんど存在感がない。当時、ものすごく急いで立ち退いてもらったのか、再開発と区画整理をよく見ると、不自然なところがある。そんな空いたスペースを有効に利用したのではないか。これはビルの谷間の無料休憩所なのだ。

松のある教会

明治維新の後、文明開化が押し寄せて、倉敷は新たな時代を迎える。城山地区に、のちに歴史的に重要な役割を果たすことになる倉敷紡績という会社ができ、大原孫三郎がキリスト教にも理解を示したから、現在の岡山県の福祉施設の原型（療育施設、孤児院、保育施設など）ができ、布教にあたる教会も誕生する。この倉敷教会は、日本人の西村伊作氏（和歌山県出身）の設計で倉敷市の歴史的遺産である。建物は重厚な造りで西洋的であるが、教会堂の前に曲がった松の木があって日本的なのが、直さんは非常に気に入っている。

街角

本町と東町の、心なごむ風景である。和菓子店の店構え、華道教室の椿、ガラスに映った中橋、旧家と石の道標、ハナミズキと喫茶などだ。それぞれに、どこか亭主の心意気が感じられる何かがあり、そこには季節感がある。石標には、右瑜伽山、左吉備津とあり、東町が児島や庄方面への分岐点だったことがわかる。

阿知の藤

鶴形山（つるがたやま）は昔、妙見山（みょうけんざん）といい、今の阿智神社は明治政府によって妙見宮から分離独立して作られたという。本町や鶴形は江戸時代からどんどん干拓され、向山と陸続きになった。昔は灯台があったというが、それはもう少し古い時代のことだろう。この神社の裏の「阿知の藤」は樹齢300年といい、鶴形山の北斜面にある。藤の咲く季節は太陽がかなり北に寄るから、早朝、東側の木々の隙間から一瞬であるが陽が射す瞬間がある。

貸衣裳の外国人

えびす通りを歩く若い女性と恒例のイベント「フォト・ミュラル」であるが、よく見ると、2人は靴を履いている。直さんは、この2人がなぜ倉敷観光しているのか、なぜこうした貸衣装の商売が成立するのか、この2人はどこの国の人か……など、いろんな詮索をしてみたくなった。えびす通りの由来は知らないが、七福神のえびすは釣りの神様だから、ここは港だったのではないだろうか。

百敷《ももしき》や
古き軒端《のきば》の
しのぶにも
なほあまりある
昔なりけり

順徳院 百人一首 100（続後撰集 雑下 1205）

倉敷紡績

倉敷は大原美術館のおかげで観光地になったといっても過言ではない。大原孫三郎と倉敷銀行、そして倉敷紡績の三位一体の活動により美術館は誕生した。また、この会社のすごさは美術館だけにとどまらず、倉敷中央病院、大原農業研究所、孤児院や保育所などの福祉施設、倉敷教会など、直接間接に現代倉敷の形成に影響を与えたのである。繁栄当時の古い建物の鬼瓦に、有名な「二・三のマーク」が刻まれている（これは、「たとえ１番になっても、謙虚に２番３番だった頃を思って仕事をしなさい」という社是である）。

大原美術館

大原美術館の中庭に入るとロダンの作品が両脇に鎮座している。直さんは、美術的知識もないままに、中庭を時々散歩する。館内にはフランス人の作品が多いみたいだが、中庭にも被写体はある。上の写真はモネの庭から来た雨の日の水蓮、右の写真はある日のイベントで、青く染めた幟の布と透けたえんじ色の蔵を撮ったものである。

妙見宮と観龍寺

観龍寺には江戸時代の倉敷騒動の際にできた、槍の傷跡が正門に残っているという。現在の鶴形山トンネルの上にあり、この辺りは巡礼をはじめ旅行の分岐点で、寺社の方向を示す石標があちこちに立っている。鶴形山は、江戸時代には妙見山といい、明治時代に新政府が命じて阿智神社が作られたとき改称したらしく、比較的新しい名前であるが、すっかり定着している。写真は観龍寺の境内にある妙見宮で、正月に扉が開かれ、祭壇を見ることができる。人々は、この近くの旅館に泊まり、吉備津神社、不洗観音、日間薬師のほか、船に乗り換えて児島の瑜伽山や四国金刀比羅宮を目指したのであろう。右頁は鶴形山の阿智神社から伝統的建物群を見下ろしたところである。

路地

直さんは、時々、美観地区の古い路地を歩くことがある。旅館の暖簾、古い奈良萬（ならまん）の小道、東町のショーウインドウ、本町の銀行などだ。こうした路地は、児島の下津井港、玉島のみなと地区、天城、旧山陽道など、倉敷のあらゆる地域に残っていて、直さんは、こうした風情ある歴史的な風景は絶対にいじらないで残すべきだと思う。しかし、若い人々は現代的で刺激的な都会に魅力を感じるのか、遠ざかるように去っていくのだ（人口の動きのことである）。右の写真は電柱のない東町の斬新な商店と古い商家。

TRATTORIA
はしまや DAL 2010

八か郷用水（東部）

倉敷は干拓地で農業用水が張り巡らされた町。東部と南部に分けて学ぼう。近年は、水島コンビナートへの配水が増加し、冬の用水は水が枯渇するようになった。

三番川の夜明け

八か郷用水は、酒津から祐安を経由し、旧浜町（春日神社付近）を通過して、山陽本線をくぐり抜け東へと向かう。これが三番川と浜川である。三番川は、羽島から五日市の広大な田んぼの中を流れて、都窪郡早島町に至る。このあたりは真っ直ぐ東向きに流れるので、春と秋のお彼岸頃には金甲山から陽が昇るわけだ。浜川は、加須山で六間川の底をサイホンでくぐり、茶屋町に向かう。

影向(ようごう)の松

中庄の帯江丘陵に、奈良時代に開山した「帯江不洗観音（あらわずかんのん）」がある。そして入り口にあるのは、樹齢200年といわれる「影向の松」だ。この寺院は東大寺の行基の時代に始まった古刹だが、松は幕末の頃に植えたことになる。とにかく、手入れが完璧にできていてすばらしい。なお、影向の松は、仏様が松に姿を変えて現世の我々をお守りくださるという。

六間川

中庄の南に広がる帯江丘陵、その周りをくるりと反時計回りに流れる川が六間川である。そして東に向かい茶屋町の汐入川と合流し、天城付近で倉敷川と合流する。倉敷川と同じく、今は農業用水の排水路だが、直さんは小学生の頃、この川で泳いだことがある。細長い川藻がたくさん生えていて、川幅がすごく広く感じた。当時、フナメシといって、フナのミンチを入れた薄味の卵丼を食べたことがある。帯江小学校校歌には「六間川の水清く、清きは我らの心なり」という歌詞があるくらいで、清流だったのだ。

国境の碑

この石碑は現在の倉敷市帯高にあって、ここまでが備中であることを示している。これより東の茶屋町とか天城は、備前の国に属していたわけである。ここで六間川は急に蛇行して、南側の天城と藤戸の間に流れてきた倉敷川と合流し、児島湾に達するのだが、このあたりの田は地理的に水が倉敷の浜川用水から供給されるし、六間川に排水されるのだから、備前より備中が正解のように見える。しかし、実は満潮時、備前の児島湾から海水が流入していた干拓地なのである。

すくも

倉敷では、稲を収穫後、籾殻を焼く習慣がある。黒く焼けた籾殻は「すくも」と呼び、翌年の苗代用だが、今日では、使い道は少ない。籾殻を焼くときは、中心に土管を立て、中から焼いていくので、煙が立ちのぼる。直さんは、個人的に、こうした煙は収穫の喜びをあらわす風習だし、けっして有害だとか洗濯物が汚れるとか気にしないのだが、今日、法令や条例上、違法な行為だとか化学的な問題があるとかいわれている。お米を食べている一方で、農家を困らせるような矛盾した規制をするのはいかがなものか。工業化と国際貿易で食糧を輸入して、本当に豊かな生活が送れるのだろうか。田んぼも用水も倉敷から姿を消す日はそう遠くない。

鶴崎干拓

茶屋町の鶴崎干拓は、長く塩水対策と農業用水の確保が難しく、苦労の連続だったという。今は、こうした先人の苦労を市民はほとんど忘れているようだ。干拓後は、今のように稲作が行われていたわけではなく、塩水に強い綿が栽培されていて、暑い夏には、この辺り一面に白い綿の花が咲き誇っていたのだ（綿の花は玉島の項を参照）。当時、相当もうかったらしく、大富豪の邸宅が今でも残っている。そして、茶屋町の駅は宇野港や四国、あるいは下電に乗り換えて児島の瑜伽山や下津井に向かう人々でにぎわっていた。直さんは、宇野線が昔の堤防で、弓なりに曲がっているわけとか、茶屋町に古い街並みや堅牢な用水が残っているわけを学んでほしいと思っている（児島湾干拓の歴史を学ぼう）。

八か郷用水（南部）

南部は広大な田園風景が続く。未来公園の倉敷用水、東大川の廃川跡の南部用水など新田、大高、水島地域などにくまなく供給される（一部は水江から船穂へ）。

東大川跡を行く臨鉄

戦時中、三菱重工の航空機組立て工場と国鉄（現在のJR）倉敷駅を結んでいた軍事路線が今の水島臨海鉄道で、朝晩は通勤や通学に利用されている。倉敷駅から出発し、四十瀬の倉敷市営球場で急カーブして南下するが、全く坂道がなく、干拓地のゴボウ畑の中を進んでいく。遠くに見えるのはかつて島だった児島である。水島まで乗車すると、あのアデレードの公園があり、のどかな約30分のルートとなっている。

足高山

倉敷市役所一帯は新田といい、江戸時代の干拓により誕生した。昔の島は、今日の山や丘となった。真ん中の足高山も昔は島で、こうした島や岬には必ず古い神社がある。（第１巻を参照）明治時代にできた神社ではなく、昔からの素朴なものである。倉敷の地域名は、たいてい島、海、岬などといった文字が用いられているが、そうした場所は、海に対する祈り、期待、恐れの象徴として神社があるから、倉敷には非常に神社が多い。なお、地名には由来があり、足高も葦高だったのだから、元の海や干拓を連想させる名前のほうが、直さんは意義があると思っている。

研究用の田んぼ

酒津から南下する倉敷用水の東側に岡山大学の農業研究所がある。ここは、知る人ぞ知る、小山楽山先生の白桃の研究拠点である。市街地のど真ん中に、このような水田がある。一見同じに見えるが、いろいろな種類のお米が植えてあるようだ。向山にあった桃園は最近、太陽光発電所に変わってしまい、そこにあった楽山先生の碑は、元のこの大学内に移設されるというのだが、市民に忘れられていた先生も、むしろそれを喜んでおられるかもしれない。

東大川（東高梁川）

明治時代まで高梁川には東西２つの支流があったという。東大川は江戸時代に大洪水の記録が残っていて、そのため酒津で堰き止めて廃川にする大工事を行った結果、現在の西阿知付近から南が広大な農地に生まれ変わったのだ。酒津の堰から南下する南部用水は東大川の跡であるし、倉敷用水は、ここで分かれて倉敷駅付近（浜村）から市役所のある新田へと流れているのだ。水島臨港鉄道は、市営球場（四十瀬）から昔の東大川の跡をたどっている。

倉敷川

美観地区の倉敷川は、明治時代まで児島湾や瀬戸内海とつながっていた。高梁川とも用水でつながっていたという話もあるし、吉備の穴海だから、すべてつながっていて舟で往来できたのであろう。今は児島湾が締め切られたので、倉敷川は水田の排水機能しかなくなってしまった。では、水田の水はどこから来るのか？ これが「八か郷用水」で、水の供給と排水が、一括して大規模に維持管理されている、世界的に珍しいシステムなのだ。小瀬戸の福原公園に珍しく雪が降り、植栽後５年くらいの寒緋桜は震え上がったように見える。

連島のハス

昔の東大川跡を水島臨海鉄道に沿って南下してみよう。水島の扇状地まで来ると、ごぼう畑が広がる。そして、その西は一面のレンコン田だ。不思議に思うのは、元の川底は砂地で水はけが良いからごぼうの栽培に適しているとしても、レンコン田は逆に常に水が溜まるような土質のはずで、正反対の土壌が同居している連島という地域は興味深いところだ。ところが、臨鉄（みずりん）の線路の両側は無数の住宅が建ち並び、畑や田んぼはどんどんなくなっていく。

八か郷用水（酒津・浜町）

市民の水は福山のふもと酒津から浜町を経由して供給される。倉敷全域と、岡山県西部全域にも配水され、清らかな水環境が保たれた地域である。

青江神社とやくも

特急やくもは、島根県出雲市から中国山地の山中を進み、高梁川に沿って南下する。この酒津の青江神社下を通過すると、まもなく倉敷駅で、一帯は広大な干拓地である。ここから、干拓地一帯にいわゆる「八か郷用水」が張り巡らされていて、酒津は倉敷の歴史上、非常に意義深い位置にある。だから、昔から水の配分を巡って争いが絶えなかった。農業だけでなく、市民の水道水もここから取水するし、戦後は工業用水も必要となり、高梁川は干上がる寸前である。

酒津の桜

高梁川に堰を設けて用水組合のある貯水池にいったん水を溜める。この池の周辺は、倉敷で最も有名な桜の公園で、早咲きの緋寒桜、八重桜、しだれ桜、山桜もあるが、大半はソメイヨシノである。この頃は、全国どこもソメイヨシノだが、直さんは、個人的に山桜の方が好きなので、今度植え替えるときは、もう少し、ほかの桜を植えてほしいと思っている。

青い疎水

八か郷用水のうち、もっとも西にある、この疎水は酒津から南下し水江まできて、そこから、全く信じられないことだが、高梁川の底をくぐって、船穂の水門のところに出るというのだ。直さんは、この八か郷用水自体も世界的にすばらしいシステムだと考えるし、明治時代の人々が玉島側に水をおくるために作った、このサイホンこそ、驚くべきシステムだと思う（「みなと地区」の船穂の写真を参照）。なお、高梁川の工業用水も、西方へ送られて笠岡市に達するし、水道水も広範囲に配分されていて、高梁川の水が涸れたら、岡山県西部のすべてが成り立たなくなると言っても過言ではない。

春日神社の松

JR倉敷駅の北は、昔から「浜町」といい、平安時代は万寿荘という荘園の一部で、その中心にあるのは春日神社である。この神社の入り口に立つと、きれいに剪定された松並木がある。剪定という作業はお金のかかるものだから、きちんとできていることは、この神社の風格を感じる。いろんな木を植えるのはいい。しかし、大きくなって、いろんな事情で邪魔になったからといって、すぐに切り倒してしまう風潮は、よくない。直さんは、長い時間をかけてできあがった景観は、変化の中でも維持されなくてはならないと思っている。

酒津点景

この頃、高梁川の水が少なくなり、冬には用水の水も涸れてしまうことがある。酒津の池には魚がいるが、また春が来て、酒津から水が流れ始めると、魚もたくさん現れる。しかし、その魚は用水で生まれたものではない。酒津に立てば、昔の瀬戸内海の風景を想像できる。陸地はここまでで、古代人は舟で瀬戸内海の島づたいに漕ぎ出していたのだ。羽島、日間山、足高山など小さな島々がいくつも浮かんでいて、それはそれは美しい風景だった。だからこそ我が国で最初の国立公園なのだ。直さんは、その公園の中に住んでいることを誇りに思っている。左は酒津の南側の堰にプラタナスの木洩れ陽、右は北側の水路のそばにある、いちょうと水辺の喫茶店だ。次頁の上は、青江城址、下は公園の噴水である。

浜町の倉敷用水

浜町の中心を南に向かって流れるのは倉敷用水である。以前、ここには「チボリ公園」があって、その中央を流れていた。そして今、新しい商業施設ができている。いろんな変化があっても、この用水は流れ続けていて、その周りが倉敷未来公園と名付けられた。直さんは、最初、なぜ「未来公園」なのか、意味がわからなかった。ただ、倉敷の水田が存亡の危機を迎えていることを考えると、この公園の未来は決して明るくない。この名前の意味するところは、実に興味深いものがある。江戸時代に始まった400年余の干拓の歴史、世界に誇る倉敷のシステムは、遂に幕が降ろされるのかもしれない。

古墳と山陽道

福山の北側は弥生時代から稲作が行われ、古墳や遺跡がたくさんあるが、西は真備（まび）、東は旧庄村（しょうそん）である。戦国時代は、東西に山陽道が骨格を見せてくる。

小野老

あをによし
寧楽《なら》の京師《みやこ》は
咲く花の
薫ふがごとく
今盛りなり

おののおゆ 万葉集 巻3－328

国分寺五重塔

これは奈良の都の歌だ。そして写真は隣の総社市にある国分寺五重塔である。古墳時代からこの頃に、まだ山陽道は整備されていたのか怪しいが、真備に下道氏（しもつみちし）もいたことだし、奈良や大宰府を結ぶ陸路として機能していただろうと推測できる。陸地の山陽道はそれほど宿場もなかったと思うし、瀬戸内海を船で移動する方が楽だったのだとも思う。この塔は法隆寺より少し新しく、しかも焼けて江戸時代に再建されたものだ。倉敷市の北部、旧庄村から旧真備町まで、全体が吉備路と呼ばれる地域で、古い古墳や遺跡が多く残っている。

まきび公園

吉備真備は695年に生まれ、家柄（下道氏）が良く、奈良の都の大学で優秀な成績を収めて、阿倍仲麻呂らとともに唐に留学した。鑑真のように苦難の末、ようやく日本にたどり着いた人もいるという時代に、順調に２回も海を渡った人もいたのだと思うと不思議な気がする。この公園は先生が留学した中国風に設計されている。また、隣の矢掛町には当時の下道氏の役所跡（65頁参照）もあり、そこも中国風だ。直さんは、唐から日本人が受けた影響は、とても大きかったのだと思う。仏教の吉備寺（吉備廃寺跡）も隣接している。なお、真備は竹の子の産地で、あたりには管理の行き届いた竹林もある。

旧山陽道と井原鉄道

倉敷市の北部には、古い山陽道がある。この旧道は、広島県の神辺から倉敷市真備まで備中地域の幹線道路だった。この歴史的な街道沿いに、ローカル色豊かな井原鉄道が開通した。岩手県の三陸鉄道みたいな感じで、通勤通学に便利なようだ。ただ、直さんは、この鉄道が、沿線の歴史的・伝統的街並みや史跡を売りにしているのは理解するが、水島臨海鉄道と同じで、観光客の皆さんの求める期待に応えるためには、何か工夫がいるのだとも思っている。みずりんに乗れば四季折々の花々や野菜畑ののどかな風景が楽しめるし、一方で井原鉄道に乗れば、都会にはない山や川の素朴な風景を見ることができる。そのこと自体が魅力なのだ。施設やグルメはお金がかかる。要はハイキングのようなお金のかからない旅が新しい時代の楽しみ方なのだ、と直さんは個人的に思っている。

備中県妹(くれせ)駅付近は桜の公園で、南側は高梁川の支流の小田川の風景が広がる。こんな駅で、弁当を開けば、誰もがまた来てみたいと思うはずだ。

真備公館址

旧真備町は豪族下道氏（しもつみちし）の支配地で、遣唐使として活躍した吉備真備もその一統で、真備の皆さんは先生を非常に尊敬している。公園も何となく唐風で、まきび公園と同様に中央にエンジュの木がある。ただ、ここは矢掛町なのに、倉敷市の花である藤の棚があったりする。
南側を小田川が流れ、向かいに猿掛城（さるかけじょう）がある。戦国時代の終わり頃、水攻めの備中高松城へ駆けつけた毛利・小早川軍団が拠点としたという城山は登ったことがないのだが、直さんは、こうした風景をながめること自体が、都会で暮らす皆さんの観光の対象になると思うのだ。

イサセリヒコノミコト

大化の改新と壬申の乱で勝利した天武天皇が編纂したのは日本書紀や古事記だが、直さんは読んだことがない。しかし、旧庄村には、この本にちなんだ神様のお墓が残っている。一括して、王墓山古墳（おうぼやま・こふん）群と呼ばれているが、倉敷市民で、この遺跡群をご存じの方は、恐らく少ない。西の真備にある古墳（これらもご存じの方は少ないかも？）は昔の豪族の大規模な古墳だが、ここは一味違った小さなお墓で、おもしろい形をした石が並び、知る人ぞ知る古墳の穴場なのだ。

吉備津神社のもちつき

室町幕府の足利義満の進言で、備前、備中、備後に３つの吉備津神社が建てられたという。備中にあるのが現在の吉備津神社である。本殿は国宝だ。現在は岡山市になっている。元々が備中の神社として建築されたから、倉敷のいたるところに吉備津神社の方向を示す道標があり、美観地区などにも道標が残っている。直さんは、子どもの頃から正月には吉備津神社に家族で参拝していたが、倉敷市民がなぜ岡山市の神社に行くのか、その理由は室町時代にさかのぼることで理解できるのである。

児島地区

児島は、中央に奈良時代の瑜伽山(ゆがさん)がある信仰の島であった。今も瀬戸内海をはさんで、四国の金刀比羅宮(金毘羅さん)と対峙している。

太古の海岸

倉敷市の海岸はほとんど埋め立てられて、海水浴場といえば、玉島の沙美(さみ)だけになってしまった。唐琴(からこと)から王子が岳にかけて昔の砂浜の海岸が残っていて、車で走ると爽快な海風が頬を撫で、太宰府と大和や京の都の間を舟で往来していた昔の瀬戸内海を思い浮かべることができる。

ただ、直さんは思うのだが、児島の下津井港などが賑わったのは舟が大型になる江戸時代以降ではないかと。万葉集の時代は小さな舟だし、北側の波穏やかな「吉備の穴海」を航行する方が安全だったのではないか。今の美観地区あたりには小さな島々が点在し、日間山周辺の風景は非常に美しかったことだろう。直さんは、昔の風光明媚な「吉備の穴海」を埋め立てた干拓地に住んでいる。

児島の海

瀬戸内海国立公園にはチヌ（黒鯛）を釣る舟が集まっている。ここにはマグロのような大きな魚はいない。田の口港（上）や下津井港の舟は、タコとか小魚が中心であるし、ハマチや車エビなど養殖ものもある。サワラも最近は少なくなってしまったし、元々、東京のような大きな魚市場はなく、朝とれた魚を、小さな車で売りさばく、極めて素朴な港であり海なのだ。
外洋とはまるで異なり、波静かな穏やかさが売りで、観光客の皆さんには、何よりも巨大なものを期待しないでほしい。この海が国立公園で、小さな島々が連なっている。その風景が美しいのだ。
ただ、海の汚れやゴミの問題は、ますますひどくなっているし、海はコンクリートや人工物で埋め尽くされていく。いずれ瀬戸内海国立公園の指定が取り消される日が来るのかもしれない。

瑜伽山

児島は、吉備の穴海の時代、瀬戸内海に浮かぶたくさんの島の中でも最大級の島だった。東は、現在の金甲山（きんこうざん）から、西は種松山（たねまつやま）まで一つの島であり、その中心にあるのは、奈良時代の行基がはじめたという真言宗瑜伽山（ゆがさん）蓮台寺（れんだいじ）である。児島のこのお寺に向かって、いくつもの参道がある。陸続きとなった今日、信仰心の薄い現代人は、五体投地の手間暇を省略して、安易に山頂まで行って、おかげだけを手に入れようとする。非常に愚かな風潮だが、ここは倉敷の聖地であり、高野山のように、お金と時間をかけて苦労の末に到達すべき場所なのだ。右頁上は、串田から登る旧参道の郷内（ごうない）にある慈眼院である。すばらしいしだれ桜なのに、旧道沿いにあるから忘れられてしまった感がある。

唐琴の織物工場

唐琴（からこと）は倉敷市と玉野市の境にある町。瀬戸内海と王子が岳・瑜伽山の間の狭い海岸に、たくさんの織物工場が立地している。昔の倉敷は綿の産地で、その綿から糸を紡ぎ、いろんな布を織り、縫製する工場ができたわけだ。特に、直さんが子どもの頃は、児島の学生服は有名だったし、どこに行くにも学生服が正装だった。その頃は、知事が学生服を着てパレードするくらい、ものすごい勢いだったのだ。今はジーンズの縫製工場に転業したり、いろいろな服を作ったりして、それなりに世の中の動きに合わせている。

古い時代の畳縁（たたみ・べり）や真田ひものお土産品もある。最先端の機械も登場しているし、直さんは、時代に対応して革新に挑戦する人々がいる限り、児島の縫製業は不滅だと思っている。

種松山

児島の西端は種松山で、墓苑も整備され、霊場の周りは花と緑の公園である。倉敷市民は、街のホールで厳粛なお別れをした後、この霊場のお世話になる。春はロウバイからはじまり、夏はバラやアジサイ、秋の紅葉、冬のサザンカや椿まで、一年中、楽しめる。ただ、ここは花見をする場所として適切なのかどうか、と考えてみると、より目的に合った場所の選定が望まれる。

例えば、酒津公園ならば水がテーマだからアジサイが適切かもしれない。水島にはバラの植物園とか、熱帯植物の温室を作れないだろうか。あるいは、梅は羽島天満宮、桃は日間山、桜は下津井城址といった具合に、歴史や特色を踏まえて適切な花は何なのか、きちんと考えてほしいのである。

しもでん車庫

明治になると岡山から宇野港まで鉄道が開通し、児島湾を眺めながら広大な干拓地の堤防上を国鉄の列車が走っていた。単線だったからか、重要な駅だったからか、茶屋町駅には急行列車が停まり、ここで下津井電鉄の電車に乗り換えて、藤戸、串田などを経由し、児島や鷲羽山・下津井港まで行くことができた。瀬戸大橋の完成で新しい備讃線の児島駅ができたので、いつしか「しもでん」は廃止され、跡地は自転車道となっている（第２巻を参照）。そして、四国に渡る下津井フェリーも消えてなくなった。港のそばのしもでん車庫に置かれている当時の車両は、激しい時代の移り変わりを嘆いているかのようだ。なお、直さんは古い写真を見ていて、当時は、こうしたディーゼルではなく、本物の最新式電車が走っていたことを知った。明治維新後、わが国は実に驚異的なスピードで近代化と電化をなし遂げたものだと、さきがけとなった皆さんに敬意を払いたいと思う。

塩田跡

昔の入浜式の塩田は見たことがないが、直さんの子どもの頃は流下式の枝条架（しじょうか）がたくさん並んで立っていた。それが、新しい技術で海水から直接、塩を取り出せるようになったので、通称「野崎浜」の塩田跡は使い道がなくなったが、瀬戸大橋の児島駅がどかんと真ん中にできて、周りは都市計画広場として整備が進んでいる。
駅前の広い公園には、たくさんの芸術的な造形物があるのだが、格別に塩田に関連したものというわけではなさそうだ。全体として新しい何かを暗示しているような雰囲気があるが、やはり児島の公園なのだから、それなりにテーマ性がほしいし、楽しい公園を目指すのなら遊具も必要だろう。バラ園などは、種松山よりは、こうした場所の方が適切なのではないか、と直さんは思うのだが。
なお、江戸末期から明治にかけて塩田を経営した野崎武左衛門の豪奢な屋敷は、近くの味野にあり、有料で公開されている（上は屋敷の一部）。

みなと地区

玉島（たましま）は船穂（ふなお）を経由して高梁松山藩と結ばれていた歴史ある港町。新幹線の新倉敷駅もでき、桃や果物の新しい町なので、この名称は少々古いかもしれない。

明けぬれば
くるるものとは
知りながら
なお恨らめしき
朝ぼらけかな

藤原道信　百人一首

玉島港

万葉時代、多麻の浦（玉島）の干潟には鶴が飛来し、港で宿泊していた旅人は、鶴の鳴き声で朝が来たことがわかったという意味である。曹洞宗円通寺のある丘からながめると、白梅の花ごしに、源平合戦で有名な玉島大橋（源平大橋）を俯瞰できるが、この海辺一帯に鶴が飛来していたわけである。そして、廻船や高瀬舟の白帆が港を往来して、それは風流な眺めだったわけだ。直さんは、本当にロマンあふれる、いい時代だったと思う。

良寛荘

港近くの高台にある円通寺は曹洞宗の禅寺である。直さんは、良寛和尚の名前を付けた国民宿舎に泊まって、この寺で静かに禅を組み、桜園地から港を見渡したことがある。遥か大和のよき時代に思いをはせ、朝ぼらけの中で、ソメイヨシノを鑑賞し、ツツジの庭を散策する。続いて八重桜やハナミズキが咲くこの丘の風景は、誠に、いとをかし。

ぬばたまの
夜は明けぬらし
多麻の浦に
求食《あさり》する鶴
鳴き渡るなり

万葉集 遣新羅使人 巻15-3598

船穂水門

皆さんは、この水門を見学したことがあるだろうか。この水門は高梁川の右岸、つまり船穂側にある。江戸時代、この高い水門の北側に高梁川と同じ高さの調整池があり、そして川と池の間にもう一つ水門があった。信じられないと思うが、パナマ運河と同じ仕組みの「閘門式水門」で、高瀬舟は、この水路を進んで玉島港に出ることができたという。

ここは、高梁の松山藩と玉島港を舟で結ぶための重要な中継ポイントだったと聞かされて、はじめて納得した。そして、さらに驚くべきは、明治時代になって、反対側の水江の用水から川の底を通って、船穂と結ぶサイホンの大工事が完成し、酒津から船穂に農業用水が供給されるようになったというのだ。

こうした世界に誇る歴史的遺産なのに、地元市民はもちろん日本人はほとんど知らないという現実は、実に情けないことだが、直さんは何かひと工夫して見学施設にするべきと思っている。

船穂とは

江戸時代は、高瀬舟が松山藩（現高梁市）から船穂の水門を経由して玉島港を結んでいた。用水路を、たくさんの帆を仕立てた船が往来していたという。つまり舟と帆で「ふねほ」なのだ。ね⇨な、ほ⇨お、と発音が変化し、漢字も舟帆⇨船穂となったので、「ふねほ」ではなく「ふなお」と読む。この用水路を下っていくと町の中心を抜けていくが、旧船穂町時代の図書館や公共施設がある。ちょっと芸術の香りのする公園にはブロンズ像や花木園があって、やすらぎの空間といったところか。近くに、スイトピーで有名な農協や、特産のマスカットを原料とするワイナリーもある。

温室のスイトピー

直さんは、倉敷市の勉強会に参加してスイトピーの温室を見せてもらったことがある。また、倉敷駅で開催された品評会ものぞいてみた。船穂は全国第３位の規模だという。直さんの若い頃、松田聖子さんの「赤いスイトピー」が大ヒットして、この色彩豊かな花をみんなが知ることとなり、広く栽培されるようになったという。普通のエンドウは白とか紫色が多いが、スイトピーは本当に色彩豊かだ。ただ、黄色は人工着色だというし、エンドウと違って実は有毒である。

桃畑

玉島仲買町の小高い丘に桃畑がある。この丘から北を眺めると、遠くの丘全体が桃畑で、4月に花が咲く時期はピンク色になり、農家は最高に忙しくなる。このような春の丘の風景は、玉島の風物詩だ。

丘の向こうは真備で、山の間を縫うように山陽自動車道が走り、山の南側には新幹線の新倉敷駅がある。N700系の車両が走っているのが分かるかな。次第に、昔、にぎやかだった「港地区」から、新しい町に人々が移り住んでいるという。舟の時代から自動車の時代へ変化していく中で、玉島港はどんな港になるべきだろうか。あきらめないで、大いに議論してほしいと、直さんは応援している。

なお、この白桃という品種は、昔、倉敷農業研究所に招かれた小山楽山という先生が、倉敷紡績の大原孫三郎の援助で開発した果物だと聞いたことがある（日間山の項を参照）。

綿の花

倉敷の干拓地では、当初、塩分に強い綿が栽培されたという。だから江戸時代の干拓地は一面の綿畑で、大富豪の豪邸がいくつも建てられ、現在も市内に残っている。

綿といえば、アメリカで、黒人が奴隷としてアフリカから連れてこられて、過酷な労働を強いられたという歴史があるのだが、倉敷ではどうだったのだろうか。市民が全くその歴史を知らないというのも不思議である。

芙蓉とかオクラと同類で、夏に白い花が咲き、しぼむとピンク色になる。そして秋に実がふくらんで、白い綿がはじけて収穫される（上）。玉島の丘で実験栽培が行われているが、この綿を加工して、糸から布に、布から服にする工程が重要なのである。明治時代に近代化された工場が登場して、倉敷の産業発展につながった。これが倉敷の原点だ。綿の産地だったという事実を学んで、さらなる発展の道を探ろうという取り組みが始まった。

産業活性化に向けたルネッサンス（復興）の試みである。

玉島商店街

玉島港に近い清心町商店街に「ひとり」少女の銅像がある。雨に濡れ黒光りする少女を見ていると、港町のにぎわいが瞼に浮かんでくる。商店街がにぎやかになるためには、みんなが「みなと」に何かを求めて集まってくることが必要なのだ。

万葉集では鶴がエサを求めて飛び交い、高瀬舟が船穂水路を往来して、廻船問屋が繁栄していたというのに、商店街は、未来を模索しているように見える。朝市とか春の雛飾り（右）、産業観光ツアーなど新しく企画されているが、直さんは、さしあたって、行政が「みなと」に起爆剤を投入するべきだと思う。思いつきだが、寄島や沙美の海岸から港をはさんで水島灘まで、水と光のショーを見たり、食事をしながら景色を楽しめる、シドニーのクルージング船のような企画はどうだろう。夏休みの土曜夜市には、子どもたちの声が戻ってきて、「みなと」に活気がよみがえるし、玉島や寄島の海岸の風景は、神戸などとは違った素朴で自然なものだから、工夫すればもっと投資的価値がありそうだと思うのだ。

新造成地区

連島と福田（五軒家以南の水島地域）の南端は、即ち松江や呼松の海岸や港で干潟が広がっていた。戦後、埋め立てられて発電所、鉄鋼、造船、自動車、化学プラント、食料等の工場群が立地し「水島コンビナート」と呼ばれる特別地域となった。玉島側の重機械工場や岸壁も含めて「新造成地区」と呼んでおく。

水島港

戦争が終わった頃、直さんは皆貧乏だった記憶がある。着るものや食べるものは少なかった。そこで、国は、いわゆる傾斜生産、即ち資本を基幹産業に集中投資することにした。そして、玉島や児島の漁場だった水島灘は埋め立てられ、製鉄、発電などの工場ができた。
もともと水島港は小さな狭い水路で、ここには昔の面影が残っている。原料や製品は大型船で運搬するので、狭い港には、大型船を誘導するタグボートがたくさん停泊している。

水島商店街と港まつり

水島港に隣接して商店街がある。まつりの夕方から家族連れが道にあふれてムンムンした雰囲気で歩けないほどだ。ステージは歌と踊りで盛り上がっていた。

夜のクルージング

直さんは、最近、新しいツアー企画に参加し、水島港からボートに乗り、水島灘に出て、夜の工場を海から見物し、揺れる船で三脚を立て工場の夜景を撮影した。このように、陸からでなく海から、しかも夜に、明かりの灯る工場を写すと、ブレているものの、おもしろい絵になった。

オーストラリアの自然

南オーストラリア州の州都アデレードの港と水島港は姉妹提携を結んでいる。そのため、港のそばの臨鉄（みずりん）の壁に、オーストラリアの自然やアボリジニの人々の生活が描かれていて、ロバーツさんのサインもある。隣の公園にはコアラの好きなユーカリの並木道もある。ただ、ユーカリも大きすぎて枝を切り落とされてしまった。コアラやカンガルーとセットで見られる植物園はできないのか。八間川沿いの広い道路をユーカリの並木道にする案はどうか。

旧道と公園

水島から児島の海岸は、白砂青松の海辺の自然が広がっていて、海水浴場もあったようだ。そこに戦後、貧しさにあえいでいた国民を救うために、国が水島灘を埋め立てて、いわゆる「重厚長大産業」に「傾斜資本」を投下した。公害問題も経験したが、雇用が増え、倉敷は発展するかに見えた。新しい中学校の教科書を読むと、水島の産業（鉄鋼、自動車、化学工業、造船、食糧、廃棄物など）は曲がり角にさしかかったといい、新しい産業は、高速道路の周辺に次々と移動し、加工度の高い産業が台頭しているというのだ。水島はこれからどのように対応するのだろうか。

児島の福江や広江から山を下って海辺に出る旧道は狭いが、昔の面影が残っている（左のきょうちくとうの写真）。呼松港近くの苔むした公園（右）や松江の水田は、時代に取り残されたように、ひっそりと、この半世紀のコンビナートの発展を見守っているようだ。

荘園地区

福山と帯江丘陵の間は広大な荘園地域で、西は万寿小学校とか春日神社、真ん中が中庄駅あたり、東は旧都宇郡（つうぐん）の吉備津神社付近まで万寿（ます）荘園と呼ばれる歴史的な田園地帯である。

中庄の干拓地

倉敷の中でも早くから陸地であった中庄と旧庄村には、広い農地が広がっている。直さんが小さい頃、この一帯は二毛作で、夏は水稲、冬は麦畑だった。また冬にイ草を植える農家もあったが、重労働は厳しかったようだ。中庄の中央を毎朝、サンライズ出雲が東京からの長旅を終えて倉敷駅に到着する。そして、高梁川をさかのぼって中国山地を越えていく。もう、こうした田んぼの風景がなくなる日が近い。万寿荘という広大な荘園が1000年以上の米作りの歴史に幕を下ろすのだ。

神社と寺院

マスカット球場の西、少し小高い住宅地の一角に、西の院、性徳院（左写真）、中庄熊野神社が並んでいる。このあたりは、南側に帯江丘陵のゴルフ場や小学校があって、自動車も比較的少なく、閑静な住宅地なのだ。南側の不洗観音は奈良時代であるし、東端には室町時代の吉備津神社が構え、庄地区には飛鳥時代の巨石文化時代の遺跡もある。こうした歴史的な史跡とか文化遺跡があるのに、生かし切れていない。直さんは、歴史ある場所に住む人々に、これらを受け継いで、観光に生かしてほしいと願うのだ。

帯江丘陵と帯江鉱山

帯江鉱山は中庄と帯江の間の丘陵（帯江丘陵。右写真）にあった。明治時代に坂本金弥という人物によって本格的に開発され、当時は成羽鉱山などと並んで全国的に有名だったという。採掘され精錬された銅は、そばを流れる六間川から舟で瀬戸内海へと運搬されたのだが、過酷な労働で亡くなった方も多かったようで、西の院には弔魂碑が残っているし、また、不洗観音の横には富田唯八の墓（亀の上に墓が乗っている）もある。明治時代の元鉱山の上は、西日本で最初の帯江ゴルフ倶楽部で、周りは閑静な住宅地となっている。

小さな窓

高梁市と玉野市は、倉敷の歴史、観光にとって、非常に長く、かつ深い関係がある交通拠点である。

高梁松山藩

倉敷と高梁、みなとと高梁、すなわち高梁川の上流にある松山藩と倉敷は縁が深い。新たに整備された松山城は、秋から冬にかけて雲海が発生するので、天空の城として、兵庫県の竹田城と並んで脚光を浴びている。

宇野港

倉敷から宇野港まで約１時間で行ける。宇野港は宇野線の終着駅で、昭和時代、岡山方面から来た旅行客は、宇高連絡線に乗り換えて四国に渡っていた。瀬戸大橋ができて列車ごと四国に渡れるようになったが、宇野港は昔の児島の歴史あるすてきな港なのだ。そして、この港に入る豪華客船の観光客の皆さんは倉敷まで足を延ばしてくれる。

直さんは一人考えている。宇野港は下津井港、水島港、玉島港とは違い、とても大きい港だから、連絡船がなくなっても、児島や倉敷の海の玄関としていつまでも発展してほしいと願っている。上は練習船「日本丸」、下は客船「ニッポン丸」である。

人物

名誉市民のように有名ではないが、倉敷を有名にした功労者がいる。なじみが薄いが、比類なき存在とでもいおうか、覚えてほしい人物だ。

浦辺鎮太郎

倉敷出身の著名な建築家である。この考古館の後ろ半分（増設部分）の設計者だ。実は、倉敷市役所をはじめ倉敷中央病院、市民会館、芸文館、倉敷駅ビルなど、先生が手掛けた建物はたくさんある。だから、何となく市民はふだんから先生の設計にふれているわけだ。なお、倉敷駅の正面にも市役所のアーチ型の壁と全く同じデザインが用いられている。

磯崎眠亀（いそざき・みんき）

1873年ウイーン万国博覧会に出展された磯崎先生の錦莞莚（きんかんえん）である。当時、世界中から注目を集めたという。掛け軸のような１枚と、手前を一部裏返したゴザを見てほしい。この先生の名前を知らない市民は多いだろう。直さんは、茶屋町にある記念館の２階にあげてもらって見学したが、今のようなコンピュータがあったわけでもなく、その緻密な図柄と編み方は驚くべき技術ですごいと思った。莚（むしろ）なのか、ゴザなのか。その前に、どちらも何なのか、想像できない方も多いと思うが、現在の花ゴザに近いような気がする。イ草を混ぜるとか、ワラだけではとてもできない代物だと思う。まずは百聞は一見に如かずだ。

おわりに

この本をごらんいただき、ありがとうございました。皆さんが、倉敷の歴史に興味をお持ちになり、倉敷に対する、ものの見方や考え方に変化がありましたら光栄です。

この写真集は、過去を振り返るためではなく、若い皆様が壁にぶつかり、未来の新しい革新の道を模索するとき、何かのお役に立てば幸いです。多くの皆さんは、産業は新しい革新的技術や先端産業に移行し、地場産業や重厚長大産業は衰退すると思われるでしょうが、直さんは、どんな産業でも、地域の歴史や自然条件を無視して成り立つものではないし、逆に歴史や自然を学ぶことで、未来に向けて新しい知恵が生まれてきて、観光も含めて産業は新しい姿に変貌をとげると信じるようになりました。

それらは、これまでの歴史の経験から、必ず「倉敷らしい」歴史を根源とするものでなければならず、当然、瀬戸内海と干拓地の歴史を踏まえたものになるでしょう。大切なことは、自分たちの地域の自然や歴史を学ぶこと、その地域に合った、技術や生産物、あるいは合理的・革新的な考え方をしていかないと、結局は成功しないという点です。

ヒトの500万年の歴史からみれば、産業革命や明治維新など、ごく最近の話で、焦る必要など何もありません。もう一度、綿や米が栽培されていた時代に戻り、何がどう倉敷を変えてしまったのか顧みること。温故知新とかルネッサンスの言葉の意味を振り返り、美しく豊かだった瀬戸内海は私たちの心のふるさとなのだから、もっともっと、魅力ある観光地になってほしいと祈ります。

藤森編集長はじめ日本写真企画の皆さんのご指導、ご支援をいただいて、ようやく完成しました。趣味人の写真集制作のために、忌憚のないご意見をいただいた友人、そして家族や隣人に特に感謝申し上げます。

平成27年10月